LETTRE,

A M. LE COMTE MOLÉ,

SUR

LA QUESTION MEXICAINE.

PARIS. — IMPRIMERIE DE Ve DONDEY-DUPRÉ,
Rue Saint-Louis, 46, au Marais.

LETTRE,

A M. LE COMTE MOLÉ,

SUR

LA QUESTION MEXICAINE

Par le Baron de Beaumont,

ANCIEN SOUS-PRÉFET DE MEAUX, ETC.

PARIS.

CHEZ BOHAIRE, BOULEVART DES ITALIENS.

1839

LETTRE,

A M. LE COMTE MOLÉ,

SUR

LA QUESTION MEXICAINE.

Paris, **Mars 1839.**

Monsieur le Comte,

Si, dans votre passage aux affaires, vous aviez laissé des traces d'incapacité, vous n'auriez point à subir l'âpreté de cette lettre : comme tant d'autres, en descendant de votre piédestal, vous seriez rentré dans l'oubli ; l'oubli seul s'attacherait à vos fautes.

Tel ne saurait être le sort qui vous attend. Le pays oubliera l'étrange fatalité qui commit l'un des beaux noms de son histoire au contre-seing de quelques épisodes néfastes ; il n'oubliera pas les qualités que vous avez mises à son service, et dont il tenait compte alors même que vous en faisiez un malheureux usage. Vous vous êtes trompé parce que vous êtes homme ; mais c'est l'homme de bien qui a mal fait, c'est l'homme habile qui a mal vu. Vos concitoyens vous gardent, dans leur estime, une position non moins élevée que celle que vous faisait la puissance.

Cela dit, et je vous le dis parce que vous n'êtes plus ministre, je dois vous faire entendre des vérités d'un autre ordre. Celles-ci vous sont adverses. Je les adresse à vous-même, parce que vous seul pouvez me contredire ; je vous les adresse malgré votre défaite, parce que, sans l'aide du pouvoir, vous êtes redoutable ; je parle après votre chute, parce qu'avant votre chute j'ai parlé vainement ; je parle à haute voix, parce que les vérités dont il s'agit doivent être entendues de votre successeur.

De toutes les questions que vous laissez irrésolues, la plus grave, si l'on mesure son importance aux éventualités qu'elle recèle, c'est la question mexicaine.

L'opinion publique veut que vous ayez mal conduit la guerre : on vous accuse d'avoir gaspillé nos forces, de n'avoir prévu aucune des difficultés qui nous arrêtent successivement, et d'avoir procédé sur la donnée caduque qui voit toutes les ressources d'un peuple dans la ressource des rois, c'est-à-dire dans le nombre des bataillons. Vous avez failli plus qu'on ne le suppose, et sur un point dont nul n'a souci ; *vous avez brisé la paix sans nécessité.*

Les preuves à l'appui de cette assertion sont écrites dans les faits diplomatiques. Ces faits, je les connais comme vous, et j'ai sur vous un avantage de position qui me permet de voir la question sous ses deux faces. Tout ce que l'homme privé a dû communiquer à l'homme d'état, vous l'avez su ; et, si la sollicitude officielle a donné tort à l'autre, l'événement n'a pas donné raison à la première.

Vous trouverez bon que je demande à l'événement en quoi l'intérêt de la France a périclité dans vos mains.

La France n'a pas de traité de commerce avec le Mexique ; vous avez fait une première faute en essayant d'attribuer ce caractère à des actes non ratifiés.

En l'absence d'un traité de commerce, les marchands français établis au Mexique ont éprouvé des malheurs qu'aucune stipulation n'aurait prévenus. Le pays venait de se soustraire à la domination espagnole ; mais il entrait dans la vie politique au prix des convulsions inhérentes à toute émancipation contrariée. Nos compatriotes, et les autres spéculateurs étrangers, ont été contraints de noter en perte un état de choses à coup sûr regrettable, mais qu'ils devaient prévoir, puisque, dans leurs données premières, il figure en tête de la colonne des profits.

Quelques Français ont également subi, dans leur personne, soit les atteintes de la loi du pays, soit les effets d'une imperfection humaine qui n'est pas le lot exclusif des Mexicains.

La France est intervenue : elle a fait valoir, en faveur de son commerce, les considérations tutélaires qu'elle a pu trouver en dehors d'un traité spécial ; elle a fait valoir, pour la sûreté personnelle de ses colporteurs, les considérations de justice et d'humanité que lui fournissaient le droit des gens et sa puissance.

La France agissait noblement ; mais les demandes formulées pour elle ont rencontré des obstacles qu'on n'a pas jugé à propos de faire connaître au public. Voici les demandes et les obstacles ; il est bon que l'on sache pourquoi le sang coule.

On demandait au Mexique :

1°. Une indemnité pécuniaire de 600,000 piastres, trois millions ;

2°. La destitution d'un juge, d'un général et d'un colonel.

Sur le premier point, le Mexique répondit que l'étranger, commerçant sans l'appui d'un traité spécial, ne pouvait réclamer des avantages que le droit commun ne conférait point aux nationaux. Néanmoins, pour tenir compte de l'opinion contraire qui avait accompagné nos compatriotes au Mexique, et aussi pour donner à la France un témoignage de bon vouloir, le gouvernement mexicain consentit au paiement d'une indemnité, sous la double condition qu'elle serait réglée contradictoirement et qu'elle ne ferait point droit pour l'avenir.

Sur le second point, on répondit que les fonctionnaires incriminés n'avaient fait autre chose qu'appliquer la loi du pays ; qu'au surplus, la constitution mexicaine, en cela conforme à la nôtre, ne laissait pas au pouvoir exécutif la faculté de prononcer les révocations demandées ; qu'au Mexique comme en France, la qualité de juge était indélébile d'une manière absolue, et les grades militaires irrévocables autrement que par jugement.

Ces objections, *dont la dernière a été admise plus tard,* furent repoussées en masse. L'idée de procéder contradictoirement au réglement de l'indemnité parut outrageante pour la France : on décida que la France était insultée parce que le gouvernement mexicain croyait à l'utilité de réviser le chiffre rond de 600,000 piastres, chiffre rond formé des évaluations sans conteste opérées par les réclamans, et qui, dans sa plus grande portée, ne représentait que le total *des réclamations.*

De cette billevesée et de l'exigence qui capitula plus tard, naquit l'*ultimatum*, du 21 mars 1838. Cet *ultimatum* termine la période purement verbale de notre démêlé avec le Mexique ; et, comme, d'une part, il n'est pas jugé dans ses détails par ce qui précède, que, de l'autre, il porte seul la responsabilité du premier blocus, je l'attache au point culminant de la question jusqu'à nouvelle intervention de la diplomatie.

L'*ultimatum* du 21 mars n'a de pendant que dans l'affaire de Buénos-Ayres, où l'on découvre un autre *ultimatum,* du 23 septembre, évidemment calqué sur le premier.

Devant deux nations faibles, et aux prises avec les misères d'une liberté naissante, nous avons parlé haut et ferme, je le reconnais ; mais, au lieu de ce langage qui révèle la puissance et la justice d'un grand État, vous avez mis, sous le nom de la France, de la colère et de l'exagération. Ce n'est pas tout. Des deux signataires de vos *ultimatum,* l'un, celui du Mexique, fonctionnait malgré l'interruption de sa compétence ; car il voyageait en vertu d'un congé, et après avoir accrédité à sa place son secrétaire de légation : l'autre, celui de Buénos-Ayres, fonctionnait après l'épuisement total de sa compétence; car il avait mis fin à sa mission par la demande et l'obtention de ses passeports. Ce n'est pas tout encore. Les deux agens, qui, pour notifier vos menaçantes exagérations, dépassaient le terme de leur compétence, avaient également dépassé la limite matérielle de leur ancienne juridiction ; car ils se trouvaient à l'abri des contre-coups, l'un, sur la frégate *l'Herminie*, l'autre, sur la frégate *la Minerve*.

La France ne reconnaît point là ses allures accoutumées. Si des formes blessantes, si des amplifications injurieuses doivent nécessairement faire partie de notre bagage diplomatique, il est à désirer qu'on y joigne quelque danger. Le danger ennoblit bien des choses. Vous devez savoir que le péril volontaire peut même ajouter à l'éclat d'une noble vérité.

Impurs par l'inexactitude des allégations, non purifiés par l'audace qui se serait manifestée sous la seule garde de nos emblèmes, vos deux *ultimatum* sont restés parallèles dans leur action malfaisante.

Mais le second n'est point en cause ici, et vous compteriez un tort de moins si, pour le mettre en cause ailleurs, vous aviez attendu la fin de votre démêlé avec le Mexique. Puisse votre successeur n'être point forcé de donner à l'*ultimatum* de Buénos-Ayres les lourdes conséquences déjà données à l'autre !

Dira-t-on que les vices de celui-ci ont été remarqués trop tard ? Trop tard ! mais je l'ai flétri à son apparition ; je l'ai flétri publiquement ; je l'ai flétri devant vous, et avant le départ de l'expédition Baudin ! Je savais qu'il importait à la France de rétablir ses relations avec le Mexique : *je savais qu'une négociation sagement conduite pouvait seule et pouvait facilement amener ce résultat* : je savais que, défectueux par le fond et par la forme, l'*ultimatum* du 21 mars ne pouvait être défendu que par la violence : je savais que la logique des armes ne serait pas plus entraînante que l'argumentation fiévreuse de votre diplomatie : je savais que le Mexique, gardé par deux mille lieues de mer, un littoral meurtrier, huit millions d'habitans et la vigilance intéressée de deux puissantes nations, pouvait nous créer de graves embarras : je voyais clairement que l'*ultimatum* préparait à mon pays, non seulement les ennuis d'une guerre inutile, mais le fardeau toujours pesant d'une guerre sans excuse. Je savais, enfin, que cet acte infirme, protecteur supposé du commerce des deux mondes portait en lui le germe de complications que la France ne pouvait vouloir.

Voilà pourquoi j'ai mis le pied sur l'*ultimatum* du 21 mars. Vous, Monsieur, vous deviez le déchirer, vous deviez faire rentrer la négociation dans les voies du sens commun, vous deviez, tout au moins, en biffant d'inutiles insultes, ouvrir une porte à la soumission; vous avez ramassé l'*ultimatum* tel quel, et nous avons porté la responsabilité de votre inadvertance constitutionnelle.

D'abord un blocus de six mois, dans lequel nos efforts se sont épuisés à la tâche contradictoire de léser les Mexicains sans léser les neutres qui commercent avec eux.

L'expédition Baudin partit au commencement de septembre. Elle était trop considérable si vous n'aviez en vue que le fort d'Ulloa; elle était mal constituée si vous vouliez aller plus loin. Elle eût été bien conçue s'il se fût agi de continuer, sur une grande échelle, la guerre d'eunuque imposée à la première expédition; mais nous savons ce qu'un blocus éternel peut rapporter de gloire, et vous savez ce que cette gloire peut traîner à sa suite. En fait, vous pensiez que la soumission d'Ulloa amènerait la soumission du Mexique; en fait aussi, vous avez su en temps opportun que la conquête de cet inutile château ne serait embarrassante que pour nous.

J'arrive au 17 novembre. Vous connaissez cette date, Monsieur le comte ; mais le public ne connaît, du mois de novembre, que le 27 et le 28, jours de l'attaque et de la reddition d'Ulloa. Vous n'avez pas dit ce qu'on a fait aux approches de la lutte ; et votre presse, qu'elle ait ou non connu la vérité, nous a donné moins encore que votre silence.

Vous avez pu lire, comme moi, mais peut-être sans hausser les épaules, que l'attaque d'Ulloa avait eu lieu *parce que les Mexicains s'étaient refusés à tout accommodement*. Cette assertion cache un fait diplomatique qui prouve précisément le contraire.

Il est certain que, peu de jours avant d'en venir aux mains, des pourparlers se sont engagés dans la petite ville de Xalapa, à vingt lieues de la côte, entre M. l'amiral Baudin, agissant en sa qualité de plénipotentiaire, et le ministre délégué par le gouvernement mexicain. Ce fait, irrévocablement acquis à l'histoire, est constaté par *vingt-quatre* notes, déclarations, projets, contre-projets, etc., que j'ai sous les yeux.

Mais, avant de dévoiler les secrets de Xalapa, je vous ferai remarquer que, sans nécessité aucune, vous avez jeté sur le terrain de la conciliation deux maladresses de nature à gêner sa marche. En abordant ce terrain, déjà tourmenté par l'amertume de nos allégations et la fierté bien ou mal entendue des Mexicains, il convenait de laisser dans l'ombre la dernière raison des rois. Au lieu de procéder avec cette prudence, qui n'était pas sans dignité, qu'avez-vous fait ?

Premièrement, vous avez remis à la même personne le soin de négocier et de combattre. Quelle que soit l'habileté diplomatique de M. l'amiral Baudin, sa seconde mission pouvait nuire à la première; tout le talent du monde ne saurait donner le parfum de la paix au rameau d'olivier qui se présente à la pointe d'une épée.

En second lieu, vous n'avez pas suspendu le blocus. Et pourquoi ? Où était l'avantage de forcer les Mexicains à négocier sous le canon ? Par quel côté cette irritante combinaison est-elle entrée dans vos préoccupations pacifiques? Non seulement il n'y avait aucun inconvénient à suspendre un blocus inutile, mais vous pouviez, en prescrivant cette mesure, donner un digne préliminaire au fait d'armes que nous préparait la fortune. Tous les lauriers ne croissent pas dans le sang : l'interruption des hostilités, qui, avant l'arrivée de la division Baudin, eût été un acte d'impuissance, eût été magnanime après son arrivée : la France, montrant les avantages de la paix au moment où la guerre lui offre les siens, n'eût pas été moins grande qu'à Saint-Jean d'Ulloa.

Au reste, le plénipotentiaire mexicain a eu le bon esprit de ne pas remarquer notre appareil belliqueux. A Xalapa, le Mexique a cédé malgré la menace et résisté malgré la menace : à Xalapa, le Mexique a fait accueil à l'une de nos demandes, parce que nous avons retiré l'autre; à Xalapa, le *Mexique a consenti au paiement intégral des six cent mille piastres,* et nous avons renoncé à la destitution du juge et des officiers militaires.

Il est probable que cette dernière concession entre pour quelque chose dans le secret gardé sur la conférence de Xalapa. Elle révèle, en effet, une faute grave; mais la faute ne réside pas dans l'abandon d'une demande qui s'adressait à la loi fondamentale du Mexique, elle réside dans l'irrationalité de la demande et dans le retard que l'on a mis à la retirer. Savez-vous, Monsieur le ministre, sous quelle influence s'est accompli le blocus Bazoche tout entier? il s'est accompli sous l'empire de votre première détermination. Sans elle, sans cette demande qui blessait la constitution du Mexique, nous n'aurions eu ni blocus ni guerre; car le Mexique, qui s'est montré inflexible tant que vous avez menacé ses institutions, eût concédé plus tôt ce qu'il a concédé à Xalapa.

Vous permettrez aussi que la France ne mette pas sur la même ligne l'acte d'équité que vous pouviez faire à la première réclamation du Mexique et ce même acte d'équité venant à la suite de votre impuissant blocus.

J'ai dit au commencement de cette lettre que vous aviez brisé la paix sans nécessité. Cette vérité serait dès à présent incontestable si votre concession de Xalapa avait mis fin à la lutte, puisqu'il résulte de la concession opposée à la vôtre que la vôtre, faite à temps, eût prévenu la résistance. Mais, loin de nous donner la paix, la conférence de Xalapa nous a donné la guerre formelle et active.

Pour renverser cette redoutable objection, il faut prouver qu'à Xalapa comme avant, il était possible d'en finir avec le Mexique; j'irai plus loin, je prouverai que vous ne l'avez pas voulu.

Et d'abord, pour quiconque sait les deux exigences de l'*ultimatum* du 21 mars, il est évident que la paix devait prendre place à la suite des deux concessions de Xalapa. Pourquoi le contraire est-il arrivé? parce que votre exigence, satisfaite par rapport à l'*ultimatum*, s'est reproduite sur trois demandes étrangères à l'*ultimatum*.

Vous vouliez un million pour vous indemniser des frais d'un blocus dont vous veniez à l'instant même de reconnaître l'injustice, en renonçant à la prétention qu'il devait faire triompher ! Vous vouliez une stipulation qui eût eu pour effet de placer le commerce mexicain dans une condition que vous repoussiez pour le nôtre ! vous vouliez une certaine forme de rédaction que le Mexique ne pouvait admettre sans flétrir la main qu'il tendait à la France !

Tout cela, je le répète, était étranger à l'*ultimatum*; et, si vous vous étiez renfermé dans ses conclusions, modifiées par votre concession, la paix eût été signée à Xalapa.

Il résulte de cet état de choses que la guerre, aujourd'hui flagrante, n'est pas la suite du blocus ; c'est une guerre nouvelle qui a pris place après l'autre.

Ainsi, Monsieur le comte, vous avez brisé la paix sans nécessité ; vous avez repoussé la paix sans nécessité ; vous avez fait sortir un blocus de six mois d'une prétention que vous avez abandonnée depuis ; et vous avez greffé la guerre actuelle sur des exigences satisfaites !

Nous, France, trompés par les cris de l'*ultimatum* et par le silence de Xalapa ; persuadés que

nous marchons à la conquête des trois millions qui
nous ont été offerts et des trois destitutions que
nous ne demandons plus, nous nous battons pour
imposer le remboursement de votre injuste blocus;
nous nous battons pour imposer un traité de commerce qui, dans aucun cas, ne pourrait naître
viable d'un tel conflit; nous nous battons, enfin,
pour imposer une humiliation en représailles d'une
insulte que personne ne peut indiquer !

Le lendemain de la conférence de Xalapa, la
France, elle-même, octroyait une satisfaction pour
l'enlèvement du pilote de *l'Express*. Je n'ai pas
ouï dire que l'Angleterre essayât de tirer de ce malentendu un avantage sans rapport avec l'événement;
mais il est certain qu'elle n'essaiera pas de nous imposer une humiliation. Pourquoi cette différence?
Si c'est a raison de la faiblesse de notre adversaire,
ce n'est pas lui qui doit avoir la rougeur au front.
Quand la France a des ennemis, elle les veut dignes
d'elle; et, bien loin de flétrir ceux qui tombent noblement, elle se découvre en leur présence.

Un seul fait apparaît radieux sur cette mosaïque
de fautes; c'est la prise du fort d'Ulloa. Mais ce
fait d'armes, que les vaincus eux-mêmes peuvent
admirer sans honte puisqu'il n'a laissé sans gloire
aucune des parties contendantes, ce fait d'armes,
en quoi et comment doit-il servir de base aux rela-

tions commerciales qu'il s'agit de réglementer ? Au point de vue de la conquête du Mexique, la prise d'Ulloa serait le magnifique début d'une absurdité; dans la réalité des choses, c'est un contre-sens. Le jour où vos prétentions sur le Mexique ont reçu l'appui de la force, on a éloigné le but que se proposait la France; on a déplacé la question, non dans l'intérêt du commerce, mais à son préjudice, et au profit d'une diplomatie en défaut qui prétend monter au Capitole sur les épaules de nos soldats.

Le trophée purement militaire de Saint-Jean-d'Ulloa a-t-il arrêté le cours des erreurs diplomatiques? nullement; à cent erreurs qui se donnent pour la vérité, il faut cent fautes pour appui.

Sans vos premiers torts, la France ne subirait pas une guerre dans laquelle chacun de ses coups la blesse moralement!

Sans votre guerre illogique, nous n'aurions pas à déplorer les tentatives faites au Mexique, aussi bien qu'à Buénos-Ayres, dans le but de susciter les troubles politiques qui pouvaient nous venir en aide; procédé assez peu grandiose, qui nous a valu la juste récrimination des pouvoirs ébranlés, et duquel est résultée cette autre inconséquence qu'au Mexique vous recommandiez le système fédéral alors qu'à Buénos-Ayres vous provoquiez sa chute!

Sans votre guerre illogique, nous aurions de moins l'hyperbole qui a transformé en *violation de capitulation* le rejet de la convention du 28 novembre, convention qui devait avoir pour effet d'enlacer la Véra-Cruz dans la soumission d'Ulloa; convention sujette à ratification et par sa nature et par une disposition de son texte ; convention qui, dans aucun cas, ne pouvait recevoir le nom de *capitulation*, puisque, bien loin d'avoir capitulé, la ville de Véra-Cruz, à l'époque dont il s'agit, n'avait pas même été attaquée!

Sans votre guerre illogique, nous aurions de moins cette échauffourée du 5 décembre, dans laquelle un Français du Mexique a cru pouvoir livrer ses concitoyens à ses compatriotes ; échauffourée si étrangement rapportée par vos historiens qu'une feuille ministérielle (17 mars courant), forcée d'admettre l'intervention d'un traître, applique cette qualification au général Santa-Anna, surpris et blessé dans son domicile!

Sans votre guerre illogique, la France ne subirait pas l'arbitrage d'un consul étranger, après avoir refusé la médiation du gouvernement de ce même consul, après avoir notifié ce refus au Mexique (le 24 novembre), et au risque de faire remarquer que votre subite modération se révèle non seulement à l'heure où, pour la seconde fois, l'insuffisance de notre armement devient manifeste, mais à l'instant mathématique où la flotte anglaise se place devant nous !

Je vous le demande, la France doit-elle applaudir à tout cela ?

Reçoit-elle aussi quelque lustre de ces dédains officiels qui s'adressent à une noble résistance comme ils pourraient s'adresser à la plus honteuse pusillanimité ? Notre dignité collective gagne-t-elle encore à ces aménités de tavernes qui, de vos journaux et de vos revues, s'écoulent vers le Mexique en retour des mensonges que nous expédient des aventuriers de la Nouvelle-Orléans ? Comment l'intelligence de vos écrivains ne va-t-elle pas jusqu'à comprendre l'intérêt louisianais qui se dresse contre le Mexique ? Qui ne sait que la Lousiane vit de l'exploitation des noirs, et que, menacée, dans cet odieux trafic, au nord, par la liberté des principaux états de l'union, au midi, par la liberté mexicaine, la Louisiane, en suscitant des embarras au Mexique, combat pour l'esclavage ! Supprimez le dévouement commercial qui égare votre presse, et vous verrez qu'on cessera de nous donner les calomnies commerciales de la Nouvelle-Orléans pour les vérités telles quelles de Mexico.

En temps normal, la presse indépendante ne se fût point laissé prendre à de telles amorces ; mais elle avait sur le cœur les créances américaines, Haïti, la Pologne, Ancône, et, par prévision, la Belgique. Fatiguée de sa campagne en faveur de la Suisse, n'osant combattre coup sur coup deux pensées belliqueuses, elle s'est mise, elle, la presse indépendante, à marquer le pas derrière l'autre, qui, docile à vos inspirations, marquait le pas derrière l'*ultimatum*.

Ce concours de deux forces opposées par nature n'est pas le fait le moins habile de votre administration ; mais une telle habileté a des limites, qu'un homme de votre caractère doit craindre de franchir. La presse toute entière a été trompée ; si d'abord vous l'avez trompée par votre propre erreur, plus tard vous l'avez trompée par votre mutisme. Ce mutisme était-il entièrement couvert par la raison d'état ? vos lèvres n'ont-elles retenu aucune vérité qui se pût divulguer ? Vous étiez président du conseil ; et d'ailleurs tous les devoirs d'un ministre des affaires étrangères ne s'accomplissent pas à l'étranger. A ce double titre, vous nous deviez autre chose que les lauriers d'Ulloa ; vous nous deviez les faits qui vous sont propres, et auxquels la diplomatie n'avait plus à mettre la main. Vous deviez nous dire comment la nécessité de modifier l'*ultimatum* ne vous est apparue qu'à Xalapa ; vous deviez nous dire comment, à Xalapa, vous avez découvert l'utilité d'entraver de nouveau la réconciliation. Enfin, Monsieur le comte, vous deviez nous mettre sur la voie du dernier mot, ne fût-ce que pour nous empêcher de l'accueillir avec stupéfaction. L'opinion publique est double comme la presse : que l'opinion sans ressort s'accroupisse où bon lui semble, les ministres, j'imagine, prendront le mal en patience ; mais que, par leur faute, l'opinion nerveuse et active tourne le dos à la vérité ; que, par leur faute, elle arrive dans les ténèbres ; que, par leur faute, elle se trouve acculée dans une impasse, croyez qu'au jour il surviendra quelque chose dont les guides n'auront pas à se louer. Vous l'avez éprouvé en Suisse. Là aussi, vous vous élanciez à la suite d'une erreur : là aussi, vous dépassiez le droit de la France : là aussi, vous obéissiez à l'appel d'un *ultimatum* aveugle et passionné : là aussi, vous receviez les encouragemens d'une sorte de négriers qui ne l'emportent pas sur ceux de la Louisiane : là aussi, vous faisiez de la force sans nécessité : là aussi, vous vous adressiez à la faiblesse relative : là aussi, vous teniez dans vos mains le noble drapeau de la France !... mais la France sait qu'en dehors du péril il n'y a pas de gloire pour les armes; elle sait qu'en dehors de la justice, la gloire ne remonte pas plus haut que les soldats : la France n'est pas à deux mille lieues de la Suisse : l'opinion nerveuse et active, celle-là qui ne s'accroupit ni dans l'injustice ni dans la honte, a vu que vous faisiez fausse route, elle s'est tournée contre vous.

Voyez où vous avez conduit la presse, la presse bicéphale qui, pour le Mexique, n'a qu'un œil : demandez-lui ce qu'elle pense de notre démêlé avec ce pays.

On vous dira que *le Mexique a insulté la France*, parce qu'en l'absence d'un traité de commerce nos colporteurs ont dû passer sous le niveau commun : on vous dira *que la force est le droit commun du Mexique*, parce qu'on entendait spéculer sur les besoins d'une organisation naissante, sans tenir compte de sa faiblesse transitoire : on vous dira que *notre cause est celle de tous les peuples civilisés et commerçans*, ce qui ressort sans doute de votre correspondance avec l'Angleterre et les Etats-Unis : on vous dira que les *habitans du Mexique sont voleurs et assassins*, ce qui se prouve apparemment par la détermination de ne plus admettre nos marchandises, et par l'amertume des regrets que font entendre les marchands que l'on renvoie chez eux : on vous dira que *les Mexicains sont pi-*

rates, probablement parce qu'ils ne possèdent pas dix bâtimens armés : on vous dira que *les Mexicains sont des barbares,* sauf à proclamer leur humanité dans le Moniteur (28 février 1839), quand on aura reconnu la difficulté de les réduire par l'insulte : on vous dira que *les Mexicains sont des sauvages,* parce qu'ils ont expulsé les Français de leur territoire. Et l'on ne remarque pas que cet *acte sauvage* serait un acte d'humanité si, comme l'ont écrit les correspondans de vos journaux, nos compatriotes se trouvaient au Mexique sous le poignard des assassins ! Et l'on ne remarque pas que le droit d'éloigner un étranger incommode, et qu'aujourd'hui vos agens et vos écrivains ne reconnaissent qu'à l'habitant des forêts, vous l'avez exercé en France, et vous avez tenté de l'exercer au-delà de nos frontières ! Et l'on ne remarque pas qu'en présence des accusations outrageantes que vous laissez circuler dans les deux mondes, en présence des canons qui sont là pour appuyer ces accusations, le Mexique, cessant toutes relations avec nous, vous renvoie la plus digne et la plus formidable des réponses !

Je n'ai garde d'enregistrer ici les développemens que l'on donne à ces prémisses ; aussi bien que moi, vous connaissez les écarts de la presse fourvoyée par *l'ultimatum.* Vous avez vu, à

côté des produits logiques de cet acte irrationel,
des distractions qui prouveraient au besoin que la
colère transmise n'est pas moins fatale que l'autre.
Par exemple, vous avez lu, le 27 mai 1838, que
les héritiers de Fernand Cortez descendaient de
Montezuma. Le 24 septembre, le même journal
nous apprenait que la Californie était un état
allié du Mexique. Le 2 octobre, une de vos
feuilles plaçait le golfe de Californie *dans l'inté-
rieur* du Mexique. Le 24 septembre, on exaltait
un succès des Texiens qui combattent pour main-
tenir l'esclavage aboli par la loi mexicaine. Le
4 octobre, un journal non ministériel insinuait
que la question mexicaine n'était devenue grave
que par le fait du commandant de notre première
expédition : le fort d'Ulloa devait être emporté
sans ordre et sans moyens *ad hoc*, et l'Empire
qui a des versans sur deux mers devait tomber
avec le fort! Le 4 septembre, vous avez lu dans
un autre journal : « On ne compose point avec des
» voleurs ni avec des assassins, on les châtie; » et
le 8 du même mois, vous avez lu *dans le même
journal :* « Cette crânerie de langage, ces airs dé-
» cidés, cette répulsion de toute idée pacifique
» sont bien étranges, lorsque l'on sait que nous
» bloquons vainement depuis quelques mois les
» côtes du Mexique, et que ce blocus ne nous a

» encore amenés qu'à reconnaître que nous avions
» dans ces parages des forces insuffisantes. » Le
Moniteur parisien, lui, annonçait officiellement,
le 27 octobre, sans crainte d'être démenti avant
l'ouverture des chambres, que *le président Bustamente, épuisé par le blocus, demandait à renouer les négociations!* Une première édition de
cette *erreur* nous avait été servie quelques mois
avant; je n'ai pas la date de celle-ci, je l'aurais au
besoin. Mais un fait bien autrement remarquable
a été placé, par le destin, en regard de
l'*erreur* du 27 octobre. C'est précisément le 27
octobre qu'à deux mille lieues du *Moniteur
parisien*, la France, ennuyée du blocus, *proposait au président Bustamente de renouer les
négociations* (voir la première note des préli-
minaires de la conférence de Xalapa)! Quoi qu'il
en soit, l'*erreur* du 27 octobre produisit son effet,
et le journal, le même journal qui, le 4 septembre,
excommuniait le Mexique en ces termes : « On ne
» compose point avec des voleurs ni avec des as-
» sassins, » écrivait le 30 octobre : « Nous accueil-
» lons avec plaisir l'annonce des ouvertures faites
» par le président Bustamente. » Enfin, le 24 mars
1839, vous avez pu lire, dans une feuille grave,
des observations épileptiques sur le coup de main
de la Véra-Cruz.

Ces pauvretés n'affectent en rien le mérite de la presse indépendante, car elles tiennent à la position que vous lui avez faite, position qui, sur ce point, et à part les bénéfices, n'est autre que celle de la presse ministérielle. La première comprend à merveille qu'elle est enserrée dans le faux ; elle s'applique à trouver une issue, et, ne pouvant s'échapper par la voie que lui ferme *la raison d'État*, elle se heurte successivement à tous les nonsens. La presse ministérielle, qui n'est pas intéressée à découvrir la vérité, s'est elle-même trouvée trop à l'étroit dans vos renseignemens. C'est ainsi que notre démêlé avec le Mexique, qui, selon l'opinion commune, doit être réglé par nos soldats ; qui, selon quelques journaux, doit être soumis à l'arbitrage d'une puissance neutre, nécessite, au dire de l'une de vos feuilles, une croisade européenne. Où donc est-elle *la raison d'État* qui exige que la France se repaisse de chimères ? Quelle considération suprême a tissu le voile qui entoure notre différend avec le Mexique ? Quels secrets restent sous ce voile qui ne se peuvent divulguer sans mettre en péril la chose publique ? De quelle chose publique s'agit-il ? A-t-on craint d'exciter outre mesure l'indignation de la France, ou bien a-t-on redouté sa modération ? Je prends les deux griefs qui, avec la question d'argent expliquée plus haut, portent toute la responsabilité de notre aggression. Voici ces deux griefs :

Une famille française a été horriblement et publiquement massacrée dans un village du Mexique; deux autres Français, encore publiquement, ont été mis à mort à Tampico.

Je ne vois pas ce que l'on pourrait ajouter à la gravité de cette double accusation. Votre *ultimatum* l'a fait valoir à sa manière ; mais, en substance, il ne pouvait la montrer sous un jour plus odieux. C'était assez pour soulever notre indignation ; ce n'était pas assez pour éclairer notre jugement. Si l'on voulait la vérité, toute la vérité, rien que la vérité, il fallait nous dire les circonstances atténuantes qui ont accompagné l'une et l'autre catastrophe.

La première a son explication dans l'un des plus lamentables exemples que l'ignorance ait fournis au monde. Cet exemple, c'est Paris qui l'a donné. La famille française, égorgée publiquement dans un village du Mexique, est tombée, à l'époque du choléra, sous cette absurde présomption d'empoisonnement qui, en 1832, dans notre foyer de lumières, a fait aussi des victimes. Rome a vu massacrer, sous l'influence du même préjugé, un Anglais non moins innocent que nos compatriotes. La France et l'Italie ont-elles été mises au ban de la civilisation ?

Chacun a déploré le malheur des victimes et l'éga-
rement des bourreaux; mais nul n'a songé à donner pour complice à ces derniers le pays qui les a
vus naître.

La seconde accusation, celle qui se rapporte à
la catastrophe de Tampico, ne serait pas fondée,
alors même qu'on la restreindrait aux auteurs di-
rects du double fait incriminé. Les deux Français
fusillés dans Véra-Cruz avaient été pris les armes
à la main dans les rangs des Texiens révoltés. En
août 1838, un citoyen des États-Unis nommé *James
Monroœ* a subi la peine capitale, à Kingston (haut
Canada), parce qu'il avait été pris les armes à la
main dans les rangs des Canadiens révoltés. L'Angleterre a-t-elle bloqué les États-Unis? Les Texiens
qui combattent pour l'esclavage seraient-ils plus
excusables que les Canadiens qui combattent pour
leur liberté? La philanthropie peut déplorer la
peine de mort infligée aux prisonniers de Tampico
(parmi lesquels se trouvaient des hommes de plu-
sieurs nations, bien que seuls nous ayons cru
devoir intervenir); mais il faut reconnaître que,
dans cette circonstance, le Mexique a très-légiti-
mement usé de son droit. En soutenant le contraire, vous vous ôtez à vous-même le droit de pu-
nir l'étranger qui trouverait utile à ses idées per-
sonnelles de porter l'insurrection en France. Mais

vous faites plus : les encouragemens que, dans ce
même lieu de Tampico, vous donnez aux insurgés actuels du Mexique, reproduisent toute la
criminalité des voies de fait dont vous poursuivez
la réhabilitation. Avancez encore, donnez maté-
riellement la main aux insurgés, dont le but, ho-
norable ou non, ne vous regarde pas, et vous
exposez ceux de nos braves soldats que la fortune
des armes livrerait au parti contraire à périr autrement que sur un champ de bataille.

Ainsi, monsieur le comte, bien loin de couvrir
de son indulgence les faits que je viens de citer,
votre raison d'état les a dépouillés des explica-
tions qui libèrent l'un par la question intention-
nelle et justifient l'autre complétement. Ainsi, on a
noirci la question de sûreté individuelle comme on
a noirci la question d'argent. Ainsi, on ne voulait
pas de notre impartialité; on voulait notre indignation nationale. Pourquoi? pour autoriser la
guerre. Et pourquoi la guerre? pour faire de la
force. Et pourquoi faire de la force au Mexique?
parce qu'autre part on a fait de la faiblesse. En
un mot, il fallait une victime expiatoire !

Il est fâcheux qu'on n'ait pas songé à la Russie,
voire même au duc de Modène, que défendent l'Au-
triche et le Piémont : la presse ministérielle vous eût
accompagné là comme ailleurs ; et la presse indé-

pendante, qui ne vous a suivi au Mexique qu'à l'aide des déceptions de votre raison d'État, avait de bonnes raisons pour vous suivre sur l'autre route.

Après avoir abusé de votre presse, après avoir égaré la nôtre, après avoir perverti l'opinion publique, la raison d'État, qui s'était mise en quête d'une démonstration de force au meilleur marché possible, est arrivée devant les chambres, armée de la conquête d'Ulloa. Ici nouveau scandale. Les chambres ont salué notre victoire, c'est à merveille; mais, de la politique qui a précédé ce fait d'armes, de la politique qui l'a suivi, pas un mot! Cependant on discutait ces *adresses* qui blâment ou approuvent : au silence gardé sur ce point, on eût pu croire, ou que la guerre entreprise depuis la dernière session avait été sanctionnée, ou que la conquête du fort d'Ulloa était un acte d'administration courante. Comment expliquer ce laisser-aller quasi-législatif? Eh, bon Dieu! par l'opinion commune exaspérée contre le Mexique. C'est à l'impulsion venue du dehors que vous avez dû ce vote étourdi par lequel 221 députés ayant mission de voir incriminent un gouvernement étranger, sans preuves, sans pièces, en un mot, sur parole! Que fallait-il pour éviter une bévue qui affecte la

nation elle-même dans la dignité de ses représen-
tans? Il fallait communiquer aux chambres les
documens relatifs à notre différend avec le Mexique.
Il le fallait, car vous le pouviez ; vous le pouviez,
car la négociation était close. La charte, qui, en
matière de diplomatie, ne livre à la publicité que
les actes complets, vous permettait de déposer sur
le bureau les antécédens du premier coup de canon. Peut-être se trouvera-t-il une sollicitude
non moins officielle que la vôtre pour faire remarquer aux chambres et au pays que vous aviez
en poche *l'ultimatum* du 24 mars et les proto-
coles de Xalapa, c'est-à-dire vos violences impo-
litiques, au moment où, pour obtenir la sanction
indirecte de vos faiblesses politiques, vous faisiez
fonctionner un succès militaire !

Au passé subi par la vérité, je pourrais ajouter
l'avenir que vous avez fait à votre successeur ; ce
qui précède indique suffisamment les difficultés
qui l'attendent. Si j'ai blâmé des réticences dom-
mageables et appuyées sur un intérêt purement
parlementaire, je comprends ce qu'exige une
guerre flagrante qui d'ailleurs peut, à son tour,
modifier les données de la diplomatie. En ce qui
concerne la question mexicaine, le présent est ca-
ractérisé avec une exactitude mathématique par ces

paroles que vous adressait, il y a peu de jours, un illustre député : « *Vous êtes également en peine d'avancer et de revenir.* » Demain, monsieur le comte, vous direz à votre successeur : *Vous avez devant vous l'Egypte moins la gloire; derrière vous, les fourches Caudines de l'Angleterre!*

FIN.